NEO BOOKS

1000+ Must Know Words in Twi

Illustrated Twi-English Dictionary

by Kwame Agyei

THE TWI ALPHABETS – TWI ATWERƐDEƐ/NTWERƐDEƐ NO

A Afafantɔ
Butterfly

B Batire
Shoulder

D Dabodabo
Duck

E Eti
Head

Ɛ Ɛmo
Rice

F Fononoo
Oven

G Gyata
Lion

H Haban
Leaf

I Ntoosi
Tomato

K Kokuromoti
Thumb

L Lɔrry
Lorry

M Mpabua
Shoe

N Nantwi
Cow

O Opro
Squirrel

Ɔ Ɔkraman
Dog

P Prako
Pig

R Asɔre
Church

S Safoa
Key

T Toa
Bottle

U Dua
Tree

W Wowa
Bee

Y Yawoada
Thursday

NUMBERS – NNUMRE

Number	Twi	English
½	Ɛfa	One Half
⅓	Nkyemu mmiensa mu baako	One Third
¼	Nkyemu nnan mu baako	One Fourth

Number	Twi	English
0	Hwee	Zero
1	Baako	One
2	Mmienu	Two
3	Mmiɛnsa	Three
4	Nnan	Four
5	Nnum	Five
6	Nsia	Six
7	Nson	Seven
8	Nwɔtwe	Eight
9	Nkron	Nine
10	Edu	Ten
11	Dubaako	Eleven
12	Dummienu	Twelve
13	Dummiɛnsa	Thirteen
14	Dunan	Fourteen
15	Dunum	Fifteen
16	Dunsia	Sixteen
17	Dunson	Seventeen
18	Dunwɔtwe	Eighteen
19	Dunkron	Nineteen
20	Adounu	Twenty
21	Aduonu baako	Twenty One
22	Aduonu mmienu	Twenty Two
23	Aduonu mmiɛnsa	Twenty Three
24	Aduonu nnan	Twenty Four
25	Aduonu nnum	Twenty Five
26	Aduonu nsia	Twenty Six
27	Aduonu nson	Twenty Seven
28	Aduonu nwɔtwe	Twenty Eight
29	Aduonu nkron	Twenty Nine
30	Aduasa	Thirty
31	Aduasa baako	Thirty One
32	Aduasa mmienu	Thirty Two
33	Aduasa mmiɛnsa	Thirty Three
34	Aduasa nan	Thirty Four
35	Aduasa num	Thirty Five
36	Aduasa nsia	Thirty Six
37	Aduasa nson	Thirty Seven
38	Aduasa nwɔtwe	Thirty Eight
39	Aduasa nkron	Thirty Nine
40	Aduanan	Forty
50	Aduonum	Fifty
60	Aduosia	Sixty
70	Aduɔson	Seventy
80	Aduɔwɔtwe	Eighty
90	Aduɔkron	Ninety
100	Ɔha	One Hundred

Number	Twi	English
1,000	Apem	One Thousand
2,000	Mpem mmienu	Two Thousand
3,000	Mpem mmiɛnsa	Three Thousand
4,000	Mpem nan	Four Thousand
5,000	Mpem num	Five Thousand
6,000	Mpem nsia	Six Thousand
7,000	Mpem nson	Seven Thousand
8,000	Mpem nwɔtwe	Eight Thousand
9,000	mpem nkron	Nine Thousand
10,000	Mpem du	Ten Thousand

Number	Twi	English
20,000	Mpem aduonu	Twenty Thousand
30,000	Mpem aduasa	Thirty Thousand
40,000	Mpem aduanan	Forty Thousand
50,000	Mpem aduonum	Fifty Thousand
60,000	Mpem aduosia	One Thousand
70,000	Mpem aduɔson	One Thousand
80,000	Mpem aduɔwɔtwe	Eighty Thousand
90,000	Mpem aduɔkron	Ninety Thousand
100,000	Mpem ɔha	One Hundred Thousand
1,000,000	Ɔpepem	One Million
10,000,000	Ɔpepem du	Ten Million
100,000,000	Ɔpepem ɔha	One Hundred Million
1,000,000,000	Ɔpepepem	One Billion

PARTS OF THE BODY – NNIPA HO AKWAA

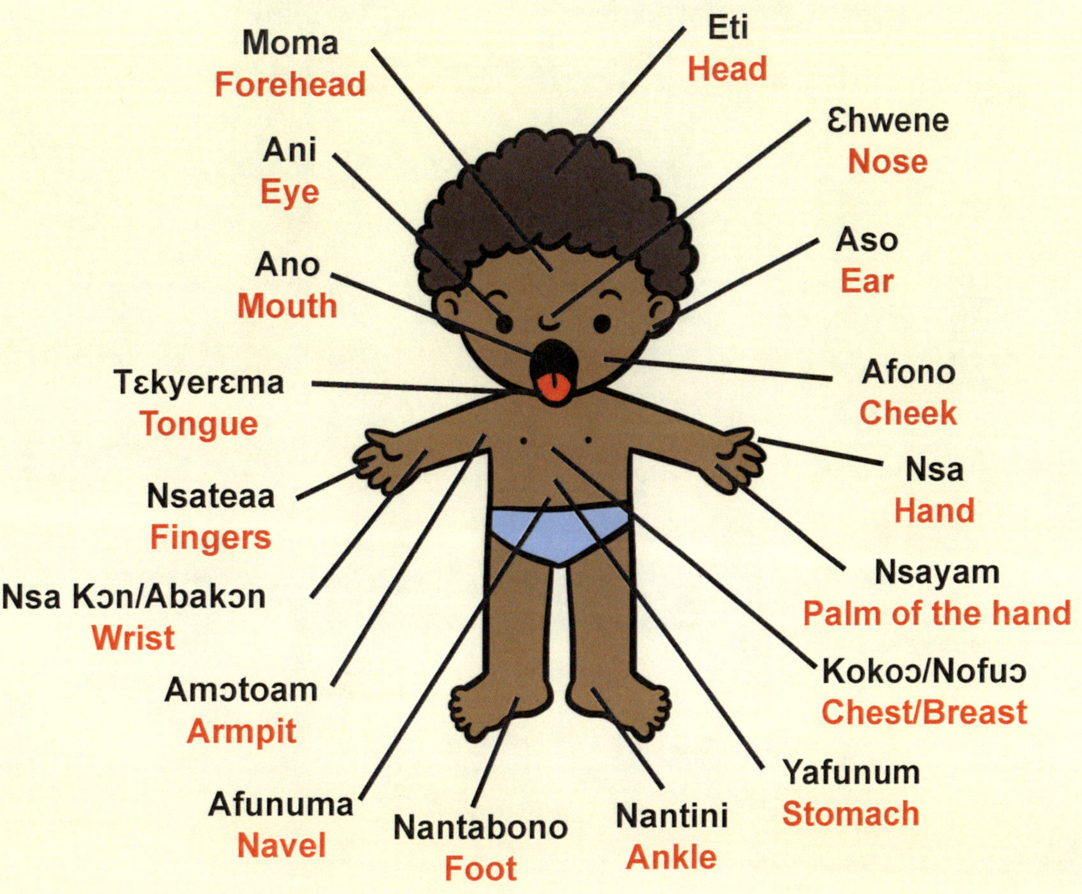

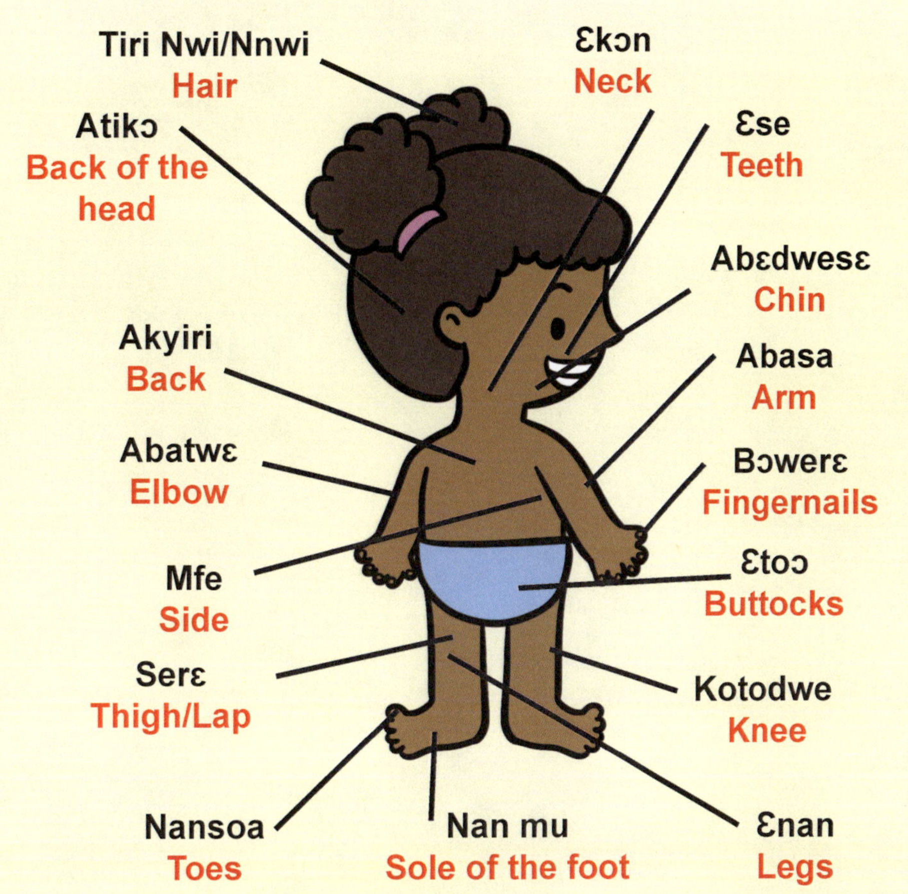

CALENDAR – ASRANNA/NNABUPONO

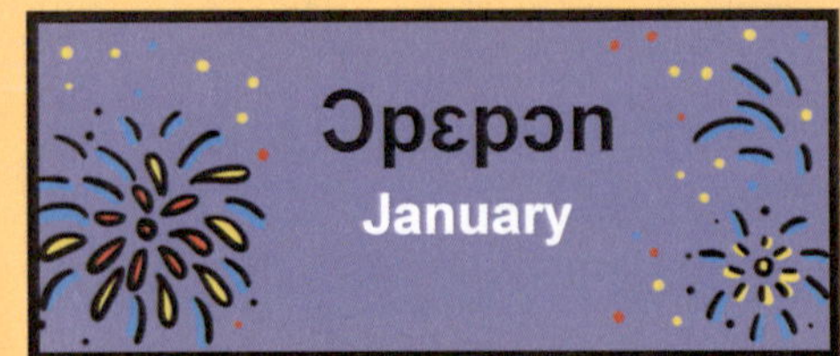

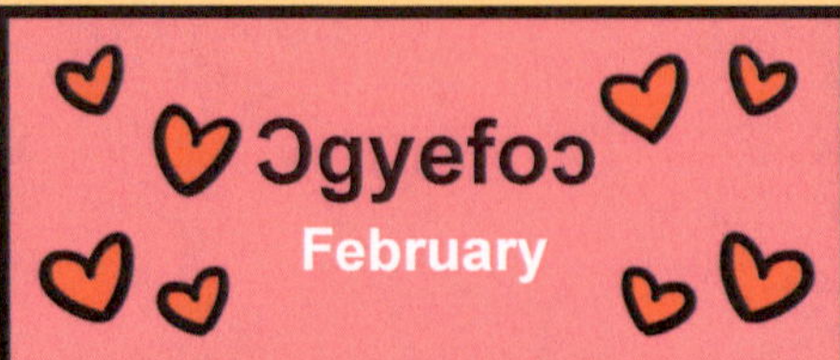

DAYS OF THE WEEK – NNAWƆTWE NNA

Kwasiada	Ɛdwoada	Benada	Wukuada
Sunday	Monday	Tuesday	Wednesday

Yawoada	Efiada	Memenda
Thursday	Friday	Saturday

COLO(U)RS – AHOSUO

EMOTIONS – NNIPA TIBEA

Anigyeɛ
Happy

Abufuo
Angry

Awerɛhoɔ
Sad

Ehu
Scared/Fear

Esu
Cry

Ahodwiri
Surprised

M'abrɛ
Tired

Yareɛ
Sick/Ill

CLIMATE – WIEM NSAKARAEɛ

Osutɔɔ Berɛ
Rainy Season

Nsuo Ɛmuna
Cloudy

Ɔpɛ Berɛ
Dry Season/Harmattan

Anyinam
Lightning

Nframa Ɛbɔ
Windy

Ɛbɔ Esi
Foggy

Ahum
Storm

Nsuotɔ
Rainy

Nyankontɔn
Rainbow

Agradaa
Thunder

Nsuyiri
Flood

Ɛwia Ɛbɔ
Sunny

Sukyerɛma
Snow

Mframaden
Breeze/Windy

THIS IS THE HOUSE – EFIE NO NIE

Kyɛnsendan
Roof

Nhwiren - Flower

Mfonii
Picture
on the wall

Ɛpono
Door

Ɛgya Beaeɛ
Fireplace

Ogya
Fire

Mpoma
Window

Toa
Bottle

Akoradeɛ
Shelf

Ahwehwɛ
Mirror

Nku
Body
Lotion

Ɛsi Twitwiredua
Toothbrush

Agyananbea/
Baabi so
Toilet

Asukɔkyea Adaka - Airconditioner

Kanea
Lamp

Akasanoma
Radio

Bɔm-
framma
Fan

Abɛɛfo
Badwemma
Afidie
Computer

Nsuo Onwunu
Cold Water

Adwareeɛ
Bathroom

Mpopaho
Towel

Nsuo Ɔhyew
Hot Water

Samena
Soap

Sapɔ
Sponge

ON THE FARM – AFUOMU NNEƐMA

FRUITS, VEGETABLES & NUTS – ATOSODEƐ NE NNUABA

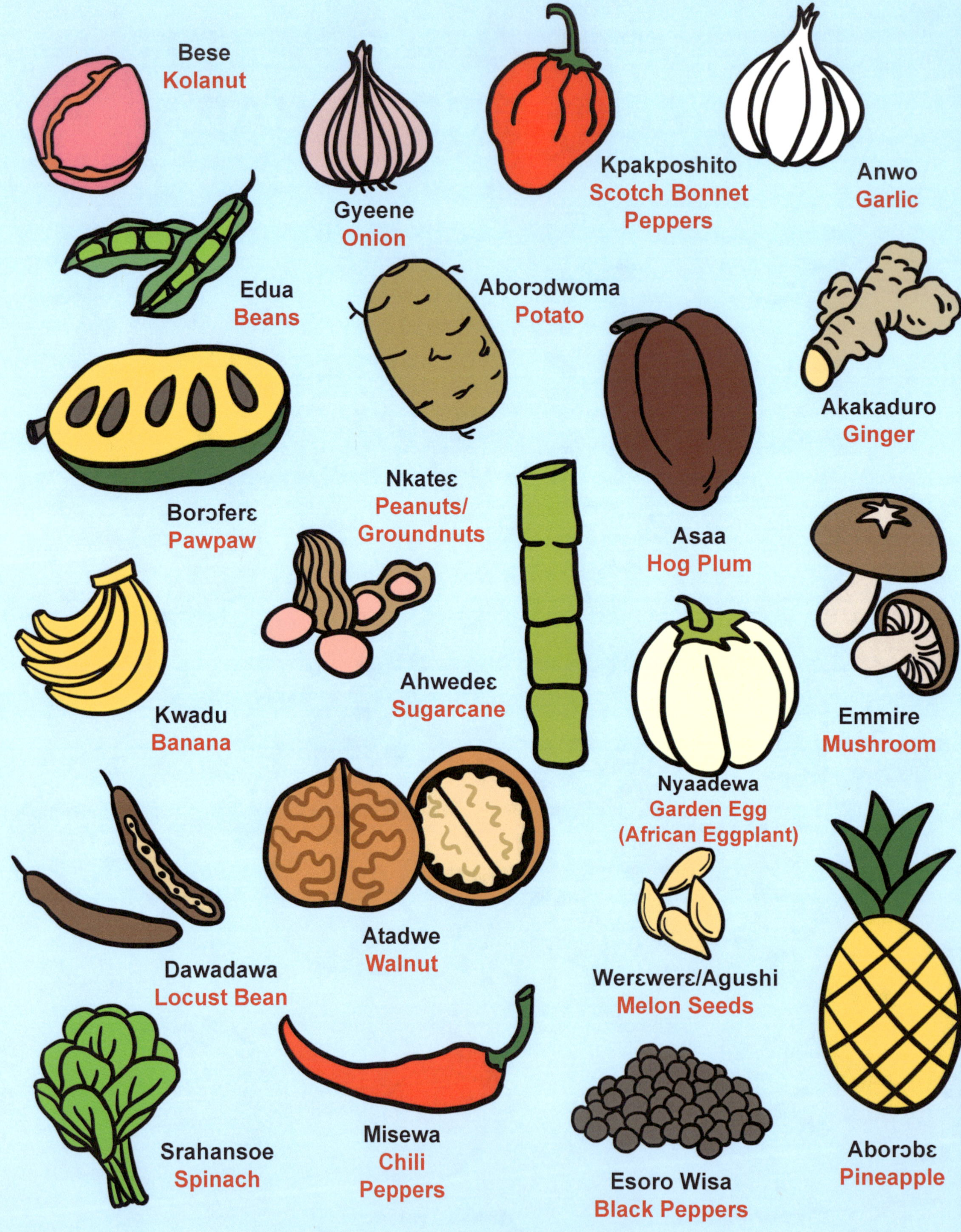

Bese
Kolanut

Gyeene
Onion

Kpakposhito
Scotch Bonnet
Peppers

Anwo
Garlic

Edua
Beans

Aborɔdwoma
Potato

Akakaduro
Ginger

Borɔferɛ
Pawpaw

Nkateɛ
Peanuts/
Groundnuts

Asaa
Hog Plum

Kwadu
Banana

Ahwedeɛ
Sugarcane

Nyaadewa
Garden Egg
(African Eggplant)

Emmire
Mushroom

Dawadawa
Locust Bean

Atadwe
Walnut

Werɛwerɛ/Agushi
Melon Seeds

Srahansoe
Spinach

Misewa
Chili
Peppers

Esoro Wisa
Black Peppers

Aborɔbɛ
Pineapple

ANIMALS – MMOADOMA

Ananse
Spider

Koterɛ
Lizard

Nwansena
Housefly

Nyanyankyerɛ
Scorpion

Ɔdɛnkyɛm
Crocodile

Sohori
Ostrich

Ntomtom
Mosquito

Nwa
Snail

Opuro
Squirrel

Ntɛfrɛ
Cockroach

Akokɔnini Abankwa
Peacock

Akyekyedeɛ
Tortoise

Bonsu
Shark

Ɔbankuo/
Amankuo
Beetle

Okusie
Rat

Ɔsono
Elephant
Adowa
Antelope
Gyata
Lion
Pataku
Hyena
Afunumu
Donkey
Sebɔ
Leopard
Masae-pɔnkɔ
Zebra
Sebɔ
Tiger
Wuram Kra
Serval Cat
Akaatia
Gorilla
Ɛkoɔ
Buffalo
Bɛnkoroɔ
Rhinoceros
Kɔntenten
Giraffe

WORK – ADWUMA

Opolisini
Police Officer
Nhwehwɛmnii
Investigator
Nsaanodwumanii
Artist
Ɔdwontoni
Musician
Deɛ Ɔyɛ Tire
Hairdresser
Awogyefoɔ
Midwife
Mfididwu-
mayɛfoɔ
Engineer
Otemmuafoɔ
Judge
Mmranimfoɔ
Lawyer
Ɛsee
Dɔkota
Dentist
Ɔsuani
Student

Obenfomapa/
Ɔkyerɛkyerɛni
Professor

Adepamni
Tailor

Nankwaseni
Butcher

Adan
Architect

Dumgyanii
Fireman

Ɔtomfoɔ
Blacksmith

Oduyɛfoɔ
Pharmacist

Ɔfareni
Fisherman

Ɔkyerɛkyerɛni
Teacher

Moahwɛnii
Shepherd

Ɔyaresafoɔ
Doctor

Wiem-
hyɛnkafoɔ
Pilot

Ɔbɔmmɔfoɔ
Hunter
Nsɛmtwerɛni
Journalist
Ɔdansioɔ
Builder/Mason
Dadeɛsɔfoɔ
Welder
Abɔdeɛm Nyansa Pɛfoɔ
Scientist
Siniyɛfoɔ
Actor
Nkontabufoɔ
Accountant
Etireyifoɔ
Barber
Nsɛmkwaayifoɔ
Comedian
Atwereɛ
Author
Aduanenoafoɔ
Chef

TRANSPORTATION – MFIDIE A ƐBOA NANTEƐ ƐNE AKWANTUO

BUILDINGS – ADANSIE MU

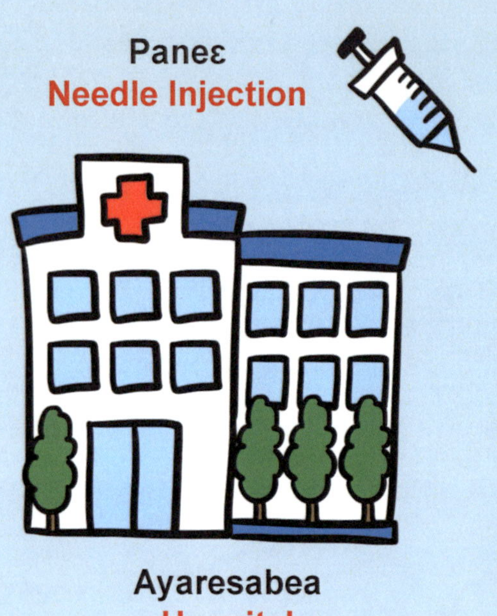

Paneɛ
Needle Injection

Ayaresabea
Hospital

Nwoma
Book

Sukuu
School

Sika
Money

Abankaba
Handcuffs

Sika Korabea
Bank

Asɛnnibea
Law Court

Ahohogyebea
Hotel

Akwantu-
nnooma
Luggage

WE ARE DIFFERENT – YƐDA SORONKO

Ɔbaa
Female

Aberewa
Elderly woman

Ayefoyere
Bride

Ayefokunu
Groom

Barima
Male

Ahoɔfɛ
Beauty

Aberanteɛ
Young

Abɔfra
Baby

Ɔhene
King

Ɔhemaa
Queen

GREETINGS – NKYEA

Ɛyɛ me anigyeɛ sɛ mehyiaa woɔ!
Pleased to meet you!

Maakye!
Good morning!

Maaha!
Good afternoon!

Maadwo!
Good evening!

Yɛhyiaeɛ akyɛ!
Long time no see!

Woho tesɛn?
How are you?
(friendly)

Akwaaba!
Welcome!

Nante yiye!
Good bye!
(Safe journey)

Biribiara bɔkɔɔ deɛ?
Is everything alright?

Meda wo ase!
Thank you!

Mema wo tiri nkwa!
Good luck!

Ɛkwan so
dwoodwoo!
Have a good
journey!

Yɛbɛhyia bio!
We shall meet
again!

Da yie!
Good night!

QUESTIONS – ASƐMMISA

COMMANDS – AHYƐDEƐ

Kɔ!	Go!
Gyae me!	Leave me alone!
Twɛn!	Wait!
Fri hɔ!	Leave!
Tena!	Stay!
Gyae saa!	Stop that!
Bra ha!	Come here!
Kɔ hɔ!	Go there!
Kasa!	Speak!
Yɛ dinn!	Be quiet!
Yɛnkɔ!	Let's go!
Hwɛ yie!	Be careful!
Tena ase!	Sit down!
Tie!	Listen!
Mepa wo kyɛw	Please
Kosɛ/Kafra	Sorry

DIRECTIONS – AKWANKYERƐ

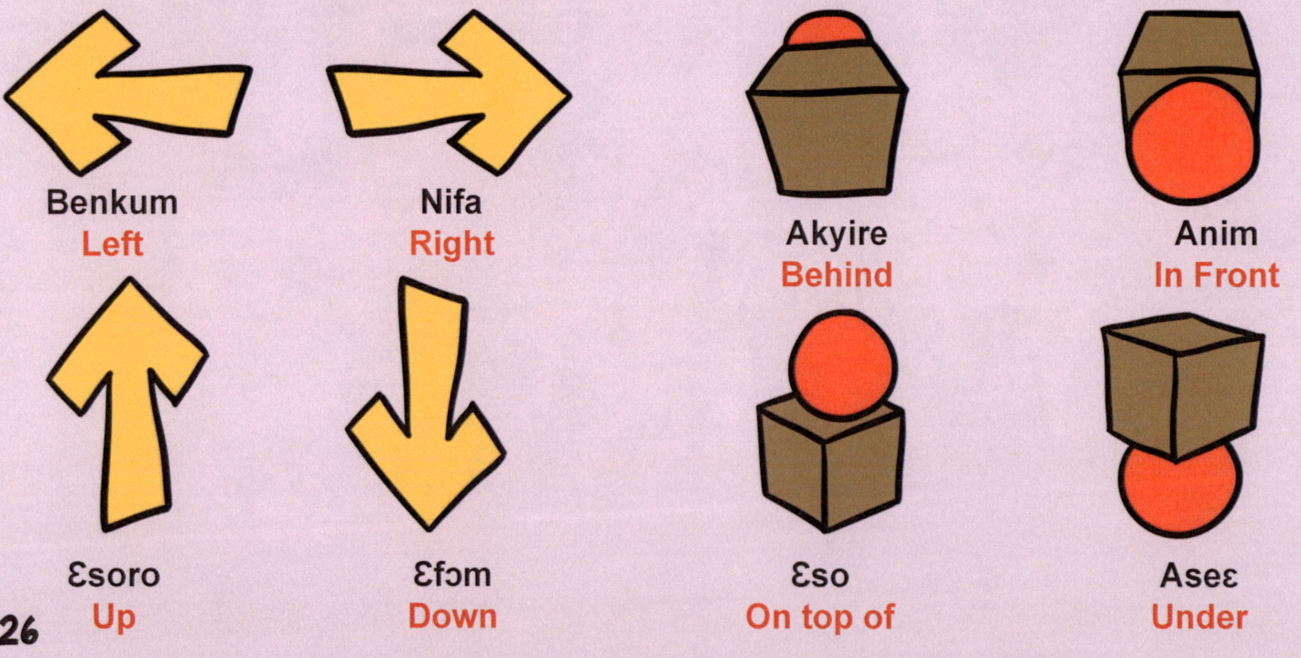

COMPASS/GUIDANCE – NKYERƐKYERƐ

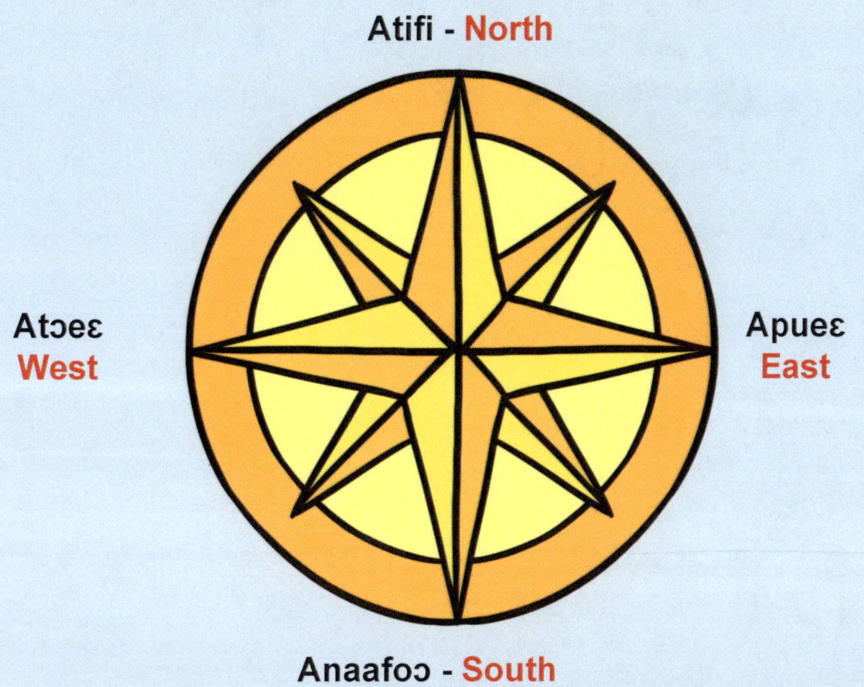

MEMBERS OF THE SKY – WIEMU NNEƐMA

POSTURES/POSITIONS – NNEƐMA SIBEA

Tena Ase
Sitting

Kontoro
Bending

Twere
To Lean

Koto
Squatting

Bu Nkotodwe
To Kneel

Gyina
Stand

Da Fam
Laying

SCHOOL – SUKUU

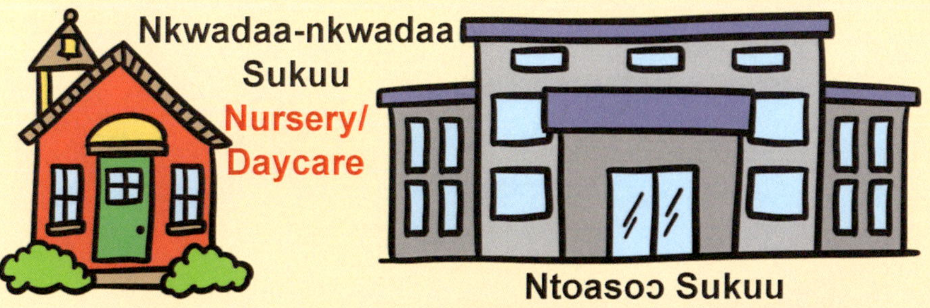

Nkwadaa-nkwadaa Sukuu
Nursery/Daycare

Ntoasoɔ Sukuu
Middle/High/Secondary

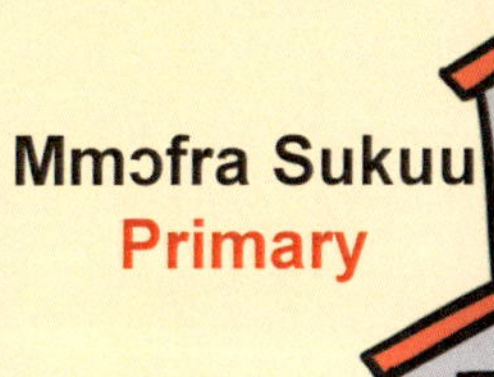

Mmɔfra Sukuu
Primary

Suapɔn
University

TALK
KASA

Kasa	Talk
Nyiano	Answer
Asɛmmisa	Question
Aane	Yes
Daabi	No
Ebia	Maybe
Please help me!	Me pa wo kyɛw!
Ɔdɔ	Love
Ɔtan	Hate/Dislike

PERIOD IN THE DAY –
DA MU MMERE

Anɔpa tu tuu tu
Sunrise
(7am-11am)

Awia/Prɛmtobere
Afternoon
(Noon-2pm)

Owiatɔeɛ
Early Evening
(3pm-5pm)

Esum
Darkness

Ɛhann
Light

Anwummerɛ
Late Evening
(6pm-8pm)

Anadwo
Late Night
(9pm-11pm)

Anadwo Dasuom
Midnight
(12-2am)

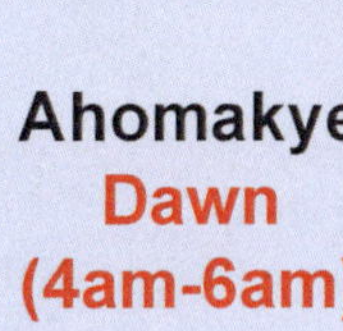

Ahomakye
Dawn
(4am-6am)

Simma	Minutes
Dɔnhwere	Hours
Nna	Days
Nnawɔtwe	Weeks
Bosome	Months
Afe	Years
Ɛnnɛ	Today
Ɔkyena	Tomorrow
Ɛnnora	Yesterday

9 798889 693045 7